LE MAROC

ET

L'ACCORD FRANCO-ANGLAIS

Par Z***

PARIS
LIBRAIRIE MILITAIRE R. CHAPELOT ET Cie
IMPRIMEURS-ÉDITEURS
30, Rue et Passage Dauphine, 30

1904

PARIS. — IMPRIMERIE R. CHAPELOT ET Ce, 2, RUE CHRISTINE.

LE MAROC

ET

L'ACCORD FRANCO-ANGLAIS

PARIS. — IMPRIMERIE R. CHAPELOT ET Ce, RUE CHRISTINE, 2.

LE MAROC

ET

L'ACCORD FRANCO-ANGLAIS

Par Z***

PARIS
LIBRAIRIE MILITAIRE R. CHAPELOT ET Ce
IMPRIMEURS-ÉDITEURS
30, Rue et Passage Dauphine, 30

1904

LE MAROC

ET

L'ACCORD FRANCO-ANGLAIS

Au lendemain de la publication des accords franco-anglais, il appartient aux Français d'Algérie plus qu'à tous autres d'apprécier la valeur de la déclaration concernant le Maroc ; eux seuls connaissent exactement le prix de ce que nous avons reçu, eux seuls aussi le prix de ce que nous pourrons céder ; leur devoir est de le dire, d'éclairer la métropole sur ses véritables intérêts, communs aux Français de France et aux Français d'outre-mer.

L'accord relatif au Maroc est destiné à porter d'excellents fruits, sous l'expresse réserve qu'on ne les altère pas intentionnellement.

Nous nous expliquons.

L'article 8 de la déclaration spécifie que le gouvernement français se concertera avec le gouvernement espagnol pour sauvegarder les intérêts que l'Espagne tient de sa position géographique et de ses possessions territoriales sur la côte marocaine de la Méditerranée.

Or, une indiscrétion diplomatique nous a appris par quelle folle générosité se traduiraient, à l'occasion, les « sentiments sincèrement amicaux » de la France à l'égard de l'Espagne. Au mois de novembre 1902, un protocole secret, signé par M. Théophile Delcassé pour la France et M. Léon y Castillo pour l'Espagne, avait partagé le Maroc actuel en trois zones :

Une zone neutre, comprenant la presqu'île de Tanger jusqu'à

une ligne fictive la limitant au Sud, de Pènon de Velez à El Araich ;

Une zone d'influence espagnole, limitée par la zone neutre, la Méditerranée, la Moulouïa, le 33e degré de latitude, le cours de l'Oummer Rabia et l'Atlantique ;

Une zone enfin d'influence française, au sud de la précédente, de la Moulouïa (dont la rive droite devenait entièrement française) à l'Atlantique.

Cet instrument diplomatique est d'ailleurs trop suggestif pour ne pas être reproduit ici en entier, avec croquis à l'appui.

PROTOCOLE.

Article premier. — Les gouvernements de France et d'Espagne, reconnaissant la nécessité de sauvegarder leurs intérêts respectifs au Maroc, s'engagent, si les circonstances l'exigent, à mettre leurs forces en commun, suivant une proportion qui sera fixée ultérieurement, après entente des ministres de la guerre des deux pays.

Art. 2. — Les hautes parties contractantes admettent les droits de contrôle de l'Europe et principalement de la puissance qui occupe Gibraltar, s'engagent à respecter, assurer et éventuellement à défendre la neutralité des provinces de Tanger et de Tétouan, ainsi que tout le promontoire depuis le cap Spartel au Nord, jusqu'à une ligne à fixer, reliant directement El Penon de Velez à El Araich au Sud.

Art. 3. — La ville et la presqu'île de Ceuta, ainsi que les Présidios, restent en dehors de cette délimination.

Art. 4. — Au sud de cette ligne, qui pourrait être modifiée d'une façon plus conforme à la structure du terrain, les deux gouvernements de France et d'Espagne s'appuyant sur un droit commun d'intervention, dérivant à la fois des intérêts et des traités, établissent pour leurs nationaux respectifs une zone d'expansion dite sphère d'influence.

Art. 5. — La portion territoriale appelée communément royaume de Fez, sauf les districts ci-dessus réservés, est déclarée sphère d'influence espagnole, et s'étend entre les limites ci-après, d'après la carte française de Douté :

Art. 6. — Sur la Méditerranée, depuis Penon de Velez jusqu'à l'embouchure de la Moulouïa, le cours de ladite rivière jusqu'à son intersection avec le 33e degré de latitude nord ; ce parallèle jusqu'à l'endroit où il coupe le 8e degré de longitude ouest; le 8e degré jusqu'à son intersection avec le cours de l'Oued Oum er Rabia ; ce cours d'eau jusqu'à son embouchure; enfin la côte Atlantique jusques et y compris El Araich.

Art. 7. — Le gouvernement de S. M. le Roi d'Espagne s'engage à satisfaire aux clauses restrictives suivantes :

a) En considération des intérêts commerciaux considérables des sujets de S. M. l'empereur allemand, et sous un acte de désintéressement formellement stipulé du gouvernement allemand, le gouvernement de S. M. le roi d'Espagne s'engage à céder à bail, pour un délai à déterminer, un port à l'empire allemand sur la côte atlantique. Une entente ultérieure entre les cabinets de Madrid et de Berlin fixera ce point de la côte, qui pourra être Casablanca ou Rabat.

b) Le gouvernement espagnol s'engage à ouvrir au commerce de toutes les nations, et sur la base de l'égalité commerciale, la portion territoriale à lui réservée.

c) Un chemin de fer franco-espagnol pourra être construit par emprunts faits en parts égales sur les marchés financiers de Paris et de Madrid, de façon à relier une des lignes algériennes au port de Mazagan par Fez.

Art. 8. — La portion territoriale, dite sphère d'influence française, s'étendra : sur la côte méditerranéenne, depuis le Kiss (frontière algérienne) jusqu'à l'embouchure de la Moulouïa ; suivra cette rivière jusqu'à son intersection avec le 33e degré de latitude nord ; ce parallèle jusqu'à l'endroit où il coupe le 8e degré de longitude ouest ; ce degré jusqu'à son intersection avec l'Oued Oum er Rabia ; le cours de cette rivière jusqu'à son embouchure ; enfin la côte atlantique jusqu'aux frontières septentrionales de la colonie espagnole de Rio de Oro.

Art. 9. — Le gouvernement français s'engage à ouvrir sa zone d'influence territoriale au commerce de toutes les nations sur la base de l'égalité commerciale.

Art. 10. — Les gouvernements de France et d'Espagne détermineront ultérieurement si l'autorité toute nominale du Sultan du Maroc sur les deux royaumes de Fez (sphère espagnole) et de Merrakesch (sphère française) devra être consolidée, ou s'il ne conviendra pas de la limiter à l'une ou à l'autre de ces deux zones.

Art. 11. — Ledit protocole restera secret jusqu'au jour où d'un commun accord des deux gouvernements, il sera porté à la connaissance et soumis à la ratification des Parlements de France et d'Espagne.

Fait en double à Paris, le 8 novembre 1902.

Pour la France : *Pour l'Espagne :*

Théophile Delcassé. Léon y Castillo.

En somme, ce protocole de 1902 nous faisait recouvrer la rive droite de la Moulouïa, que l'insuffisance de nos diplomates de 1845 avait seule laissée tomber entre les mains de l'empereur marocain ; mais il donnait gratuitement à l'Espagne une bande de terrain de plus de 300 kilomètres de large, en façade sur la Méditerranée et sur l'Océan ; il installait officiellement l'Allemagne dans un des ports de l'Atlantique, entre nous et Gibraltar ; il ne réservait enfin à la France que tout l'arrière-pays, à hauteur du parallèle d'Aïn-Sefra seulement, c'est-à-dire toute la portion de montagnes et de sables qui constitue ce qu'on appelle le « Bled es Sibâ », le pays de la poudre et des indépendants, celui que jamais sultan n'a pu soumettre, ni d'ailleurs aucun conquérant de l'antiquité, soit que le pays fût trop pauvre, soit qu'il fût efficacement protégé par ses hautes montagnes et ses sables, ou par l'irréductibilité de la race berbère qui l'habite.

Les militaires et les colons, qui peinent depuis soixante ans de ce côté-ci de la frontière d'Algérie, estimaient que la part laissée à la colonisation française, dans cette répartition des influences au Maroc, était dérisoire ; qu'elle serait, malgré sa mince valeur, difficile à conquérir et encore plus difficile à garder, et qu'elle compromettrait même les résultats acquis en Algérie jusqu'à ce jour.

Ils se rappelaient, en effet, combien il a fallu de sang, de labeurs et d'argent pour mettre en valeur le mince ruban des terres du Tell algérien, combien peu les Hauts-Plateaux se prêtent à d'autre exploitation qu'à l'élevage, combien enfin les solitudes calcinées au sud d'Aïn-Sefra et des Ksour sont inhabitables et stériles. La structure géologique de notre Algérie, qui se continue au delà de la frontière franco-marocaine jusqu'au versant atlantique, leur apprenait clairement que toutes les terres cultivables du Tell marorain tombaient entre les mains des Espagnols, et que les colons français ne trouveraient dans leur lot que des steppes, de hautes montagnes ou des immensités désertiques dont ils avaient déjà à revendre. Seuls, les ports de la côte atlantique : Mazagan, Mogador, Agadyr, etc., auraient pu avoir quelque valeur pour nos commerçants ; mais nous nous étions enlevé à nous-mêmes cette fiche de consolation, en nous engageant, par l'article 9 du protocole, à ouvrir « notre zone d'in-

« fluence territoriale au commerce de toutes les nations sur la « base de l'égalité commerciale » !

Ces concessions exagérées auraient pu, à la rigueur, s'expliquer par notre désir d'entrer, sans un seul coup de fusil, en possession de notre zone d'influence. Cet espoir était rendu, au contraire, plus chimérique encore par l'étendue de la cession consentie à nos copartageants.

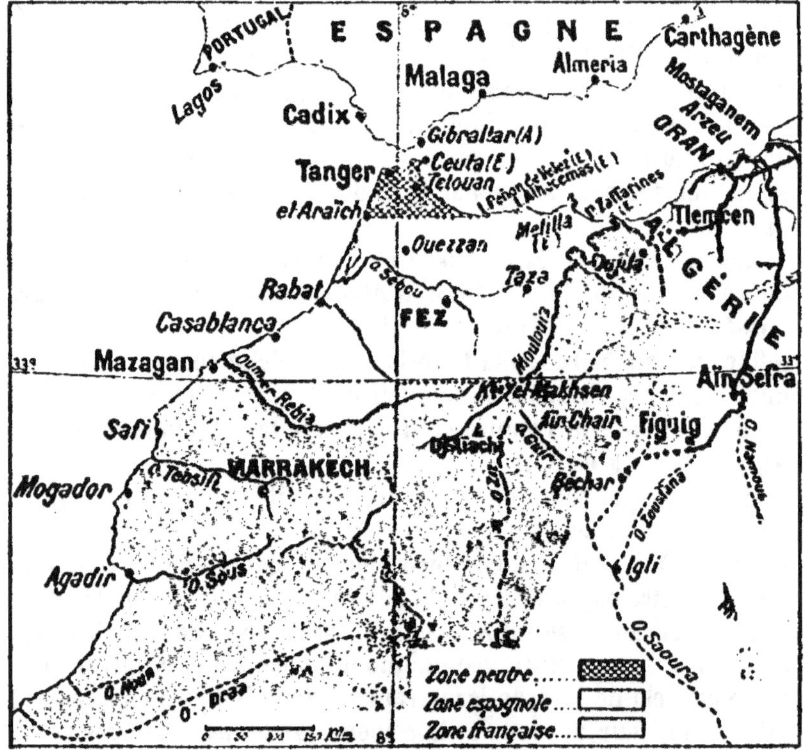

Croquis du Maroc d'après le protocole du 11 novembre 1902.

. L'hostilité religieuse, le caractère et les habitudes violentes des tribus marocaines ; les difficultés du pays tourmenté qu'elles habitent, surtout dans la région qui nous aurait été dévolue, tout aurait armé contre nous, dans une sorte de « djehad » ou guerre sainte, la totalité des habitants du pays, Arabes et Berbères. Au lieu d'en venir à bout, rationnellement et progressivement, en prenant pour base notre frontière Nord-Ouest, en perçant subitement de Marnia par la trouée de Taza jusqu'à Fez et l'Atlantique, de façon à occuper les ports et à réduire ensuite petit à petit les défenses locales limitées à leurs propres forces — comme nous pourrions le faire encore actuellement — le protocole nous aurait obligés à prendre pour base d'opérations la région d'Aïn Sefra—Figuig, puisque la trouée de Taza et le royaume de Fez auraient été espagnols. Le simple énoncé de cette nécessité fait sourire les spécialistes militaires, car il représente exactement à leur imagination un toreador qui attaquerait le taureau par..... derrière. D'emblée, la guerre aurait été portée dans la région la plus favorable à l'ennemi : celle des hautes montagnes du Djebel Aïachi (4,000 mètres) et des grandes tribus des Berabers, des Ait Atta, etc., et dans la région la plus défavorable pour nous : celles des solitudes désertiques, à 600 kilomètres de la côte, sans autre liaison avec cette dernière qu'une longue voie ferrée à faible écartement et à médiocre rendement.

En outre, au lieu d'être acculés à la mer par nos troupes, les défenseurs eussent trouvé, dans les ports laissés aux autres puissances, dans la zone neutre de Tanger, et même tout le long (700 kilomètres) de la limite franco-espagnole, des comptoirs où ils auraient pu se ravitailler en fusils, en cartouches, en canons et peut-être même en auxiliaires européens.

En un mot, les articles 2 et 6 du protocole permettaient à la résistance de s'organiser et de s'éterniser en face de nous, grâce à la contrebande de guerre.

Bien plus, dans l'hypothèse même où nous serions devenus, après de longs efforts, les maîtres incontestés dans la zone attribuée à notre influence, notre domination ne pouvait y être qu'éphémère et à la merci du moindre incident continental. Nous savons tous maintenant quel aimable euphémisme constitue l'expression « port à bail » ; le canon de Port-Arthur est là pour nous le rappeler tous les jours. Au premier conflit, l'Allemagne et l'Espagne poussaient leurs troupes, l'une de Rabat, son port à bail, et l'autre de Fez, sur les effectifs que nous aurions été assez imprudents pour maintenir dans notre zone d'influence à l'ouest de la Moulouïa ; elles les coupaient facilement de l'Algérie, et elles avaient ensuite beau jeu pour attaquer, à égalité de moyens, le département d'Oran lui-même.

Bien plus encore, cette offensive heureuse, que le tracé, prémédité ou non, des zones protocolaires imposait d'avance à nos voisins, n'aurait même pas eu besoin de se produire pour que notre situation fût compromise en Algérie. Tout l'Ouest de notre colonie, c'est-à-dire toute la province d'Oran, la plus riche et la plus active des trois, est aux quatre cinquièmes espagnole. Après que nos armées successives eurent conquis le sol oranien par soixante ans d'efforts, le paysan espagnol, chassé de l'Andalousie, de Valence ou de la Catalogne par la famine, y a débarqué avec sa veste courte, son sombrero et ses bras pour toute fortune; là où nos colons, habitués à plus de bien-être, rechignaient à la besogne, il s'est mis bravement à la tâche, il s'est creusé une tanière dans la terre qu'il avait à défricher, il y a vécu des années avec sa femme, sa portée d'enfants et ses cochons, indifférent au soleil, à la pluie, à la fièvre, aux voleurs du douar voisin et aux tracasseries de nos règlements; il n'est sorti de la concession d'autrui, désormais fertilisée, que pour devenir petit propriétaire à son tour, et, plus tard, pour ensemencer en blé, en orge, en avoine le quart du département, à ses frais cette fois, de la plaine de la Mléta à celle des Maalifs; pour planter en vigne, à son compte, tous les coteaux de l'Oranie, d'Oran jusqu'à Mascara et Saïda; pour bâtir de ses deniers les villes d'Aïn-Témouchent, de Bel-Abbès, de Perrégaux et de Relizane. Malgré l'exil, les années et la naturalisation automatique, ce rude travailleur est resté Espagnol de cœur. Il n'est donc pas illogique de conclure que, cinquante ans après l'établissement de l'Espagne au Maroc, la force attractive de la communauté des races et des intérêts aurait soustrait à notre influence le plus beau tiers de la colonie, et cela fatalement, par le développement même des choses.

D'autant plus que l'Italie et l'Angleterre eussent suivi la même tactique à l'autre bout de l'Algérie, en Tunisie. En ce moment, malgré l'accord signé hier, les Anglais ont concentré à Malte 10,000 hommes; un millier de mulets bivouaquent à la corde; 16 steamers attendent sous pression l'ordre de jeter le tout au premier signal sur Bizerte; en même temps, la flotte anglaise s'installerait à Port-Mahon : l'Algérie française aurait vécu.

La prudence la plus élémentaire nous invitait donc à préférer le « statu quo » à un arrangement ouvrant la porte aux pires aventures.

On objectait peut-être les droits historiques de l'Espagne. Mais ces prétendus droits se réduisent à néant lorsqu'on examine de près l'histoire elle-même. Elle nous apprend que depuis le grand cardinal Ximénès, qui planta le premier le drapeau castillan sur la côte de Mers-el-Kébir, en 1505, les Espagnols n'ont jamais pu sortir des formidables remparts de leurs ports africains : les forts de « Tous-les-Saints » et de « Santa-Cruz » marquaient encore en 1791 la limite de la puissance espagnole à Oran, de même que les blockhaus de Melila marquent de nos jours la même limite sur la côte du Riff. Cette impuissance d'extension est parfaitement caractérisée par le choix que firent les Espagnols des îles et des presqu'îles du littoral marocain pour y installer de préférence leurs établissements : les Presidios, seuls débris des conquêtes de Ximénès, et les Zaffarines, acquisition plus récente, en sont des exemples sans exception. Elle tient surtout à la haine séculaire, féroce, qui, indépendamment du fanatisme religieux, sépare les deux peuples, maures et castillans, probablement parce qu'ils sont cousins-germains. On conçoit donc que « le royaume de Fez », « la province de Tétuan » ne sont plus aujourd'hui que des entités chimériques, ne rappelant plus aucun droit de l'Espagne.

Ce protocole, véritable défi porté par des ignorants, pour ne pas dire plus, au bon sens et aux intérêts français, fut publié par quelques revues et quelques journaux ; on n'osa pas le démentir. Tel qu'il était, il faillit être exécuté ; comme on se défiait d'un dernier soubresaut de l'opinion en France, il devait rester secret jusqu'à la ratification du Parlement. Heureusement pour nous, le gouvernement espagnol pensa que notre générosité ne s'arrêterait pas en si beau chemin, qu'elle céderait tout ce qu'il lui demanderait, puisqu'elle lui avait accordé ce qu'il ne nous demandait pas, et que nous renouvellerions à son égard nos largesses de 1901 envers la même Espagne, à laquelle notre diplomatie avait accordé les territoires de Batta, alors qu'elle ne réclamait que ceux du cap Saint-Jean. Il ne se pressa pas assez de nous répondre, notre rapprochement avec l'Angleterre eut lieu, et d'autres projets remplacèrent celui de l'entente franco-espagnole.

Aujourd'hui que l'accord franco-anglais est chose conclue, il importe à l'avenir de l'Algérie, à son existence même et par conséquent à la vitalité de la France que, sous prétexte de témoigner à l'Espagne de notre amitié et de notre respect pour des intérêts qui, à franchement parler, n'existent pas, nous ne reproduisions pas le pitoyable protocole de 1902 sous une autre forme. Qu'on lui reconnaisse Ceuta, le Penon de Velez, les Alhucemas, Melila, les Zaffarines même, rien de plus juste ; mais si elle veut le Riff, qu'elle commence par y pénétrer.

Quant à nous, dans nos actes envers le Maroc, soyons à la fois énergiques et sages. Puisque nous penchons vers la manière douce, vers la pénétration morale, employons-la loyalement, mais fermement ; elle peut se résumer dans les propositions suivantes :

Mettre à profit l'expérience que nous avons acquise en Algérie ;

Utiliser l'excellent personnel administratif et commercial que nous y possédons ;

Pénétrer par nos chemins de fer, nos routes, notre commerce, notre argent et l'association de nos intérêts avec ceux des indigènes marocains ;

Nous étendre dans les plaines d'abord, celles de la trouée de Taza, de Fez et des rivages de l'Atlantique ; progresser ensuite dans les montagnes. Fermer nos marchés aux récalcitrants, les prendre par la famine et les forcer à nous apporter leur soumission dans la plaine ;

A chaque pas, nous appuyer sur l'autorité locale, quelle qu'elle soit : Maghzen dans le « Bled Maghzen », Djemâa dans le « Bled Sibâ », Marabouts locaux, etc. ;

Contraindre tous nos agents, quels qu'ils soient, à suivre cette ligne de conduite et à n'avoir que cette seule politique.

Nous ne nous dissimulons pas que ces deux derniers points seront les plus difficiles à réaliser. Depuis le funeste traité de 1845, nous avons en effet pris la mauvaise habitude d'attribuer au Maghzen, c'est-à-dire au gouvernement marocain, une influence qu'il n'a pas. En fait, les deux cinquièmes seulement du Maroc payent le tribut au sultan; le reste est indépendant et n'a jamais voulu recevoir ses amels et ses caïds. Dans notre manie de tout uniformiser, nous sommes intervenus sottement, la première fois en 1845, pour donner au sultan la rive droite de la Moulouïa qui ne lui avait jamais appartenu; la dernière fois en 1902, pour imposer aux djemâas de Figuig l'amel marocain qu'elles repoussaient énergiquement. De telle sorte que c'est nous qui entretenons la puissance de ce Maghzen marocain, que les diplomates étrangers redressent chaque jour contre nous à Tanger, et que nous nous efforçons chaque jour d'amadouer: jeu grotesque contre un épouvantail en baudruche, que nous avons gonflé nous-mêmes et dont nous redoutons les ballottements!

Prenons-donc le Maroc tel qu'il est, c'est-à-dire comme un composé hétérogène de tribus soumises et de tribus indépendantes; suivons la logique de notre race, et n'ajoutons pas foi aux histoires d'un « résident » maroçain connu, qui se vantait ensuite « de mettre les têtes de tous les roumis d'Alger dans son capuchon ». Donnons enfin à tous nos diplomates, aussi bien à ceux qui veillent dans les bureaux arabes de la frontière algérienne qu'à ceux de Tanger et qu'à ceux de Paris, l'ordre ferme de n'avoir qu'une politique : s'appuyer sur l'autorité, quelle qu'elle soit, partout où elle existe en fait.

Appliquée de la sorte, avec continuité et fermeté, la « manière douce » a des chances de réussir, pour le plus grand avantage de la civilisation et du pays marocain; elle ne présente qu'un seul inconvénient, celui de nécessiter une longue suite d'efforts.

Si une intervention étrangère ou seulement une influence hostile venait à contrecarrer nos progrès et nos légitimes espoirs, il faudrait alors, pour sauver le Maroc et l'Algérie, recourir à la « méthode forte », préconisée par ces turbulents militaires, méthode qne tous les gens avisés ne jugent plus digne que de barbares, émules des Japonais ou des Russes!

PARIS. — IMPRIMERIE R. CHAPELOT ET Ce, RUE CHRISTINE, 2.

www.ingramcontent.com/pod-product-compliance
Lightning Source LLC
LaVergne TN
LVHW020508230826
846091LV00008BA/3409
* 9 7 8 2 0 1 6 1 2 4 1 7 8 *